Les A̶ ̶s
d'I̶

Karen Rowan et
Donna Tatum-Johns

The First Novella
in Basic French

Rédaction de Diana Noonan
et Contee Seely

FLUENCY FAST LANGUAGE CLASSES, INC.
DENVER, COLORADO
719-633-6000
KAREN@FLUENCYFAST.COM
WWW.FLUENCYFAST.COM

et

Command Performance Language Institute
28 Hopkins Court
Berkeley, CA 94706-2512
Phone: 510-524-1191
Fax: 510-527-9980
info@cpli.net
www.cpli.net

Les Aventures d'Isabelle
is published by
Fluency Fast Language Classes,
which offers dynamic
spoken language classes
which enable students to acquire
Arabic, French, German, Mandarin,
Russian or Spanish easily, inexpensively,
effectively and in a brief period of time.

with

Command Performance Language Institute,
which features
Total Physical Response products
and other fine products
related to language
acquisition and teaching.

Illustrated by Pol (Pablo Ortega López) (www.polanimation.com)

Proofreaders: Paul Kirschling, René Piard and Sabrina Sebban-Janczak

An **audio version** of *Les Aventures d'Isabelle* is **now available**.

Now available: *Isabelle capture un singe hurleur*, the 2nd book in the series.

Please note: While this book is not designed or intended primarily for children 12 years of age or younger, it is certainly appropriate and safe to use with learners of all ages.

First edition published December, 2011
5th printing July, 2017

Printed in the U.S.A. on acid-free paper with soy-based ink.

ISBN: 978-0-9824687-4-6

Table des matières

Acknowledgments

Many thanks to the teachers and elementary school students who read and critiqued earlier drafts of this book. Each suggestion was incorporated into the final draft. The book would have been much different without the careful eyes of these young editors.

And many thanks to our proofreaders, René Piard, Jean-Paul Raffinot, Paul Kirschling, Irene Marxsen and Marjorie Seely. We also owe a deep debt of gratitude to our editors, Diana Noonan and Contee Seely, and the illustrator, Pablo Ortega López.

Karen says: This book is dedicated to Kassidy, my muse, who initially inspired me to write the character of Isabela on our first trip to Mexico when she was two by playing in wet cement and kidnapping a pigeon and giving it a bath in the laundry basin.

Donna says: This book is dedicated to my daughters, Bailey and McKenzie, who are the joy of my life even when they are more like Isabelle than I would prefer.

Go to *www.fluencyfast.com / Isabelle* for information on future Isabelle adventures and pictures or to contribute suggestions or ideas.

Now available: *Isabelle capture un singe hurleur*, the 2nd book in the series.

Chapitre un :
Je suis Isabelle

Je m'appelle Isabelle Huffman. J'ai huit ans et demi. J'ai les cheveux blonds et les yeux bleus.

Ma mère s'appelle Elizabeth Huffman. Elle a 29 ans. Elle est grande. Elle a les cheveux noirs et les yeux marron. Ma mère voyage beaucoup pour son travail. Je vais avec elle. Elle travaille. Elle travaille et j'ai des aventures.

J'ai un appareil-photo. Je prends beaucoup de photos. J'ai un album de mes aventures. Je veux être célèbre. Je veux être un pirate célèbre. Je ne veux pas être un pirate normal. Je veux être célèbre, un pirate très célèbre.

Ou... je veux être une actrice célèbre.

Ou… je veux être une actrice célèbre et un vétérinaire célèbre.

Ou… je veux être un vétérinaire célèbre et une danseuse célèbre. Une danseuse très célèbre.

Ou… je veux être présidente.

Ou… je veux être présidente et danseuse.

Ça dépend.

Je ne suis pas célèbre. Mais je veux être célèbre.

Chapitre deux :
Je prends des photos

Je visite la France avec ma mère. Nous
voyageons en avion, nous voyageons en bus et
nous voyageons dans le métro. Je préfère l'a-
vion et le métro. Je déteste le bus parce
qu'une fois j'ai vomi dans les toilettes du bus.
Quand nous voyageons dans le bus et dans
le métro, je joue avec mes jeux vidéo et je
dessine mais je ne lis pas. À Paris nous
voyageons en métro.

À Paris, ma mère et moi, nous visitons Montmartre. À Montmartre il y a beaucoup d'artistes. Il y a aussi une église qui s'appelle le Sacré-Coeur. Ma mère me regarde. Elle me dit :

— Isabelle, assieds-toi dix minutes, s'il te plaît.

Ma mère entre dans un magasin pour poser une question. Je n'entre pas dans le magasin. Je m'assois sur les escaliers. Je m'assois… une minute. Je prends des touristes en photo. Les touristes montent et descendent les grands escaliers. Je veux monter et descendre les escaliers comme les touristes. Je monte et je descends les escaliers très vite. C'est très difficile. J'ai du mal à respirer. Je suis presque morte.

Ma mère sort du magasin. Elle me regarde. Elle regarde les escaliers. Elle rit. Je suis fatiguée parce que j'ai beaucoup couru. Ma mère me dit :

— Pourquoi est-ce que tu ne peux pas t'asseoir comme une fille normale ?

Chapitre trois :
Les statues

Un jour nous allons visiter une cathédrale. Ma mère me dit :

— Ne touche rien avec tes mains.

J'entre avec ma mère dans la cathédrale. Elle s'appelle la Cathédrale de Notre Dame. C'est une grande et belle cathédrale. Je prends des photos de la cathédrale. Je prends des photos des statues aussi.

Je touche les statues mais je ne touche pas les statues avec mes mains. Je touche les statues avec mes pieds. Je touche les statues avec mes coudes.

Je veux toucher les statues avec ma langue mais ma mère me regarde. Elle n'est pas contente.

Elle me dit :

— Isabelle, pourquoi est-ce que tu ne peux pas regarder et toucher les statues comme une fille normale ?

Je ne suis pas normale. Je suis exceptionnelle. C'est évident.

Chapitre quatre :
Le fromage, le cheval et autres aventures

Nous allons au marché pour acheter des fruits, des légumes, et du fromage. J'adore les pommes et j'adore le fromage. Je veux une pomme et je veux un morceau de fromage. Ma mère me donne de l'argent pour acheter une pomme et un morceau de fromage. Je prends une photo d'une pomme. Je prends une photo des fromages aussi. Il y a une grande variété de fromages en France. J'achète une pomme pour 30 centimes et un morceau de fromage pour un euro. Mais il y a un problème. Je déteste le fromage que j'ai mangé. J'ai mangé un fromage trop fort. Il s'appelle Roquefort. Un fromage très fort est normal en France, mais pas normal dans le Kentucky. À mon avis, c'est très, très, très mauvais. Je déteste le fromage français. Je crie. Je pleure. Ma mère me regarde. Je crie et je pleure beaucoup. Elle rit.

— Isabelle, pourquoi tu ne peux pas manger comme une fille normale ?

Je vais au parc avec ma mère. Le parc s'appelle Le Jardin du Luxembourg. Je vois un cheval. Je veux monter à cheval. Tous les enfants au parc montent à cheval. Avec tous les enfants, le cheval marche en cercle. Mais, quand moi je monte à cheval, il n'avance pas. Le cheval fait pipi. Ma mère prend une photo. Elle prend une photo avec mon appareil-photo. Ma mère rit et rit. Elle rit et me dit :

— Isabelle, c'est normal. Ce n'est pas grave.

Mais je ne veux pas m'asseoir sur un

cheval qui fait pipi. Je ne veux pas m'asseoir sur un cheval qui fait ça. Ce n'est peut-être pas un problème pour les personnes normales. Mais c'est grave pour les personnes célèbres. Je ne prends aucune photo du cheval.

Ma mère et moi, nous montons dans le métro encore une fois. Je préfère le métro parce que je ne vomis pas. Dans le métro il y a deux personnes avec des guitares. Tout le monde dans le métro me regarde, parce que je prends en photo les garçons qui jouent de la guitare. J'adore la musique. Je chante avec les garçons qui jouent de la musique. Tout le monde dans le métro me regarde. Ils me regardent parce que je chante très bien. Je veux être célèbre. Je veux beaucoup m'entraîner. Je veux beaucoup m'entraîner parce que je veux être célèbre.

Chapitre cinq :
Le shopping

Un jour, ma mère entre dans un magasin. Ma mère veut des vêtements et une paire de chaussures. Ma mère a beaucoup de chaussures, mais elle veut une paire de plus. C'est une obsession. Ma mère a un problème avec les chaussures !

Ma mère me dit :

— Je veux acheter des vêtements et une paire de chaussures. Et toi ? Tu veux acheter des vêtements ou une paire de chaussures aussi ? Tu as besoin de vêtements et de chaussures toi aussi ?

À mon avis, les vêtements et les chaussures sont inutiles. Je lui dis :

— Non, merci. Les vêtements sont stupides. Les chaussures sont stupides.

— Comme tu veux, Isabelle. Reste là 10 minutes.

À mon avis, c'est ridicule de m'asseoir, mais je reste assise une minute.

Je vois une mère dans la rue. Je vois une mère qui a quatre enfants et un bébé. Je vois une grande famille.

Je me lève. Je marche vers la famille.

La mère des enfants me dit :

— Nous sommes pauvres. Nous n'avons pas d'argent. Nous avons faim. Est-ce que tu peux me donner de l'argent pour mes enfants ?

Je regarde les pieds de tout le monde dans

la famille. La mère n'a pas de chaussures. Le bébé n'a pas de chaussures. Les autres enfants n'ont pas de chaussures. Je prends une photo des pieds du bébé.

Je suis très triste parce que la famille n'a pas de chaussures. Les enfants courent dans la rue, mais ils n'ont pas de chaussures.

Je pense que les chaussures sont stupides. À mon avis, les chaussures sont stupides. J'ai beaucoup de chaussures. Mais les chaussures ne sont pas stupides pour une famille pauvre. La famille pauvre dans la rue n'a pas de chaussures. La famille a un gros problème. La famille a besoin de chaussures.

Parfait ! J'ai une idée !

Je crie à ma mère dans le magasin :

— Maman, est-ce que tu peux me donner de l'argent pour la famille dans la rue ? La famille est très pauvre. La famille a faim et la famille n'a pas de chaussures.

Chapitre six :
Des chaussures pour la famille

Ma mère me dit :

— C'est une bonne idée, Isabelle !

J'entre dans le magasin de chaussures. La famille entre aussi dans le magasin de chaussures.

Ma mère regarde la famille. Ma mère me regarde. Ma mère me regarde avec de grands yeux. Ma mère me regarde pendant une minute en silence. Je prends une photo de l'expression de ma mère.

Ma mère regarde les enfants.

Ma mère dit à la mère des enfants :

— Bonjour. Je m'appelle Elizabeth Huffman. Enchantée.

Je regarde une des filles de la famille et je lui dis :

— Je m'appelle Isabelle. Est-ce que tu veux une paire de chaussures ?

La fille me dit :

— Oui.

Les enfants ne parlent pas.

La femme qui travaille dans le magasin de chaussures donne une paire de nouvelles chaussures à chaque personne de la famille. Les chaussures ne coûtent pas cher. Ma mère a payé cent euros!

Ma mère rit. Elle me dit :

— Isabelle, tu es une fille exceptionnelle.

Toi aussi, tu veux une paire de chaussures ?

Je lui dis :

— Non, maman. J'ai beaucoup de chaussures. J'ai des chaussures rouges. J'ai des chaussures bleues. J'ai des chaussures pour l'école. J'ai des chaussures pour les fêtes. Je n'ai pas besoin de chaussures. Les chaussures sont stupides. Mais la famille dans la rue n'a pas de chaussures. Cette famille a besoin de chaussures. Les chaussures ne sont pas stupides pour cette famille dans la rue.

Chapitre sept :
Les crêpes et la glace

Ma mère, la famille dans la rue, et moi nous nous promenons au marché. Tout le monde mange des crêpes au marché. La nourriture au marché est excellente. On prépare beaucoup de choses à manger au marché. Les crêpes sont bonnes. Je mange une crêpe. Les autres enfants mangent une crêpe aussi. Les crêpes sont bonnes, mais je préfère les glaces. Nous allons chez un glacier pour acheter des glaces pour tout le monde. Je prends une photo des glaces.

Les enfants et moi, nous nous lavons les mains dans les toilettes du glacier et nous mangeons beaucoup de glace. Le glacier s'appelle Berthillon. La glace en France est excellente. Tous les enfants mangent de la glace au chocolat. Mais moi je mange de la glace à la vanille.

Je pense beaucoup à la famille pauvre. Les enfants ne parlent pas beaucoup. La mère ne parle pas beaucoup. Cette famille n'a pas beaucoup d'argent. D'habitude ils ne mangent pas de glaces. D'habitude ils ne mangent pas de crêpes au marché. D'habitude, ils ne mangent pas à leur faim.*

*See faim on page 34 or page 41.

Chapitre huit :
La boulangerie

Un jour, ma mère et moi, nous nous promenons à Paris. Nous nous promenons dans la rue lorsque je vois une boulangerie. J'adore les baguettes. Les baguettes sont délicieuses. Ma mère et moi, nous entrons dans la boulangerie. Je prends les baguettes en photo.

Ma mère me dit :

— Isabelle, assieds-toi une minute.

Ma mère achète une baguette. Elle parle avec la femme qui travaille dans la boulangerie. Ma mère achète une baguette et parle, parle, parle... La personne de la boulangerie dit :

— Il y a des chiots chez le vétérinaire.

Ma mère achète une baguette mais je ne reste pas assise. Je me lève et je cours rapidement vers le cabinet du vétérinaire.

Chapitre neuf:
Le cabinet du vétérinaire

Sur la vitrine du vétérinaire je vois un panneau où il est écrit, « 3 chiots cherchent une nouvelle famille ». J'entre dans le cabinet du vétérinaire et je vois trois chiots par terre. Les chiots jouent avec deux jeunes garçons.

— Salut. Je m'appelle Isabelle. Comment vous appelez-vous ?

Un des garçons dit :

— Je m'appelle Charles.

Charles a neuf ans et demi. Il a les cheveux bruns et les yeux marron. L'autre garçon s'appelle Philippe. Il a les cheveux bruns et les yeux marron aussi.

Je regarde les chiots et demande :

— Comment s'appellent-ils ?

Charles me dit qu'ils s'appellent Bestiole, Petit Pierre et Sam.

Je prends une photo de Bestiole, Petit Pierre et Sam.

Chapitre dix:
Sam

Je m'assois par terre avec les chiots. Je joue avec les chiots. Je joue aussi avec Charles et Philippe. Les chiots courent partout. Un des chiots saute sur moi. Je ris. Je veux un chiot. Je m'assois et je joue avec eux.

Le vétérinaire me dit qu'il y a beaucoup de chiots à Paris. La mère des chiots les a abandonnés. Les chiots cherchent une nou-velle famille. Charles dit à Bestiole, « Assis ! » Bestiole s'assoit. Je prends une photo de Bestiole. Philippe dit à Petit Pierre, « Assis ! » Petit Pierre s'assoit. Je prends une photo de Petit Pierre. Je dis à Sam, « Assis ! ». Sam ne s'assoit pas. Sam court. Ma mère entre dans le cabinet du vétérinaire. Ma mère n'est pas contente. Elle me regarde. Je suis assise par terre avec les chiots.

— Je veux un chiot, maman ! Tous les chiots sont super mais je préfère Sam. Je veux adopter Sam.

Sam court vers ma mère. Sam saute sur ma mère. Sam est parfait ! Sam est parfait mais il ne s'assoit pas. Petit Pierre s'assoit. Bestiole s'assoit. Sam ne s'assoit pas. Ma mère me regarde et regarde le chiot. Je suis assise par terre dans le cabinet du vétérinaire et ma mère dit :

— Quelle surprise ! Ce chiot ne s'assoit pas. Le chiot ne s'assoit pas, mais Isabelle s'assoit comme une fille normale.

Le vétérinaire rit. Charles rit. Philippe rit. Je reste assise par terre et je joue avec mon nouveau chiot. Je prends des photos de

Sam et Sam court.

À ce moment, un photographe entre dans le cabinet du vétérinaire. Le photographe travaille pour un journal à Paris. Il a son appareil-photo. Son appareil-photo est très gros. Il prend des photos de Charles et Philippe, des trois chiots et de moi. Il prend des photos pour le journal parisien avec son grand appareil-photo.

Je suis célèbre. Ma photo va être dans un journal à Paris. Je suis plus célèbre que le Président. Je suis plus célèbre qu'une actrice. Je suis plus célèbre qu'un pirate.

Je suis Isabelle et je suis célèbre.

J'ai une idée. Je ne veux pas être Présidente. Je ne veux pas être actrice. Je ne veux pas être pirate. Je veux être photographe célèbre. Je veux être Isabelle, la photographe célèbre ! Isabelle, la photographe super célèbre. L'aventure parfaite pour une photographe super célèbre comme moi, non ? L'aventure parfaite avec mon appareil-photo et mon nouveau chiot Sam !

Glossaire : **Chapitre un : Je suis Isabelle**

a – has
  elle a 29 ans – she is 29 years old (she has 29 years)
ai – have
  j'ai huit ans et demi – I am eight and a half years old (I have 8 and a half years)
appelle – calls
  elle s'appelle – her name is (she calls herself)
  je m'appelle – my name is (I call myself)
une actrice – an actress
un album – an album
ans – years
  huit ans – 8 years
un appareil-photo – a camera
avec – with
des aventures – some adventures
beaucoup – a lot
  beaucoup de – a lot of
bleus – blue
blonds – blond
ça – it
célèbre – famous
les cheveux – hair
une danseuse – a dancer
de – of
demi – half
dépend – depends
  ça dépend – it depends

des – some
elle – she
est – is
et – and
être – to be
grande – tall
huit – eight
j' – I
  j'ai huit ans et demi – I am eight and a half years old (I have 8 and a half years)
je – I
la – the
le – the
les – the
ma – my
mais – but
marron – brown
m' – myself
  je m'appelle – my name is (I call myself)
me – myself
la mère – the mom
mes – my
ne… pas – not
  je ne suis pas – I am not
  je ne prends pas – I do not take
  je ne veux pas – I do not want
noirs – black
ou – or
les photos – pictures

pour – for
prends – take
  je prends – I take
la présidente – the president
s' – herself (*s'* can also mean
  himself or **itself**; *s'* is an
  abbreviation of *se*)
  elle s'appelle – her name is
    (she calls herself)
son – her (*son* can also mean
  his)
suis – am
  je ne suis pas – I am not
  je suis – I am
le travail – the work
travaille – works

elle travaille – she works
très – very
un – a or an
une – a or an
vais – go
  je vais – I go
veux – want
  je ne veux pas être – I do not
want to be
  je veux être – I want to be
un vétérinaire – a vet or
  veterinarian
voyage – travels
  elle voyage – she travels
les yeux – eyes

Glossaire : **Chapitre deux : Je prends des photos**

à – in, at, to
les artistes – the artists
asseoir – to sit down
  t'asseoir – to sit down (to sit
yourself down)
assieds-toi – sit down (sit
yourself down)
assois – sit down
  je m'assois – I sit down (I sit
myself down)
aussi – also
un avion – an airplane
  en avion – by airplane
  l'avion – the airplane
un bus – a bus
  en bus – by bus

c' – it
  c'est – it is
comme – like
ai couru – ran
  j'ai beaucoup couru – I ran a
lot
d' – of
dans – in
descendent – go down
  ils descendent – they go
down
descendre – to go down (descend)
descends – go down (descend)
  je descends - I go down
dessine – draw
  je dessine – I draw

déteste – hate
  je déteste – I hate
difficile – difficult
dit – says
  elle me dit – she says to me
dix – ten
du – of the
  ai du mal – have trouble
    j'ai du mal à respirer – I
    have trouble breating
une église – a church
elle – it
entre – enters, enter
  elle n'entre pas – she does
    not enter
  je n'entre pas – I do not
    enter
en – in
  **je prends des touristes en
  photo** – I take pictures of
    the tourists (I take the
    tourists in a picture)
les escaliers – the stairs
est-ce que – (introduces a
question)
fatiguée – tired
une fille – a girl
une fois – one time
il – it, he
  il y a – there is
ils – they
jeux games
joue – play
  je joue – I play
lis – read
  je lis – I read
  je ne lis pas – I do not read

un magasin – a store
mal – hard, bad
  j'ai du mal à respirer – I
    have trouble breathing
m'assois – sit down
  je m'assois – I sit down (I sit
myself down)
me – to me
  elle me dit – she says to me
  elle me regarde – she looks
    at me
mes my (plural)
moi – me
mon – my
monte – go up
  je monte – I go up
montent – go up
  ils montent – they go up
monter – to go up
  je veux monter – I want to
go up
morte – dead
n'… pas – not
  elle n'entre pas – she does
    not enter
  je n'entre pas – I do not
    enter
normale – normal
nous – we
parce que – because
pendant – for, during, while
peux – can
  tu ne peux pas – you cannot
photo – picture
  **je prends des touristes en
  photo** – I take pictures of
    the tourists (I take the

tourists in a picture)
plaît – is pleasing
  s'il te plaît – please (if it is pleasing to you)
poser – to ask
pourquoi – why
préfère – prefer
  je préfère – I prefer
presque – almost
quand – when
une question – a question
qui – who, that, which
regarde – looks at
  elle me regarde – she looks at me
respirer – to breath
  j'ai du mal à respirer – I have trouble breathing
rit – laughs
  elle rit – she laughs
s' – if (abbreviation of *si*)
  s'il te plaît – please (if it is pleasing to you)
sort – leaves, exits
  elle sort – she leaves
sur – on
t'asseoir – to sit down (you)
  tu ne peux pas t'asseoir – you cannot sit down
te – to you
les toilettes – the bathroom
les touristes – the tourists
tu – you
visite – visit
  je visite – I visit
visitons – visit
  nous visitons – we visit
vite – fast
ai vomi – threw up
  j'ai vomi – I threw up
voyageons – travel
  nous voyageons – we travel

Glossaire : **Chapitre trois : Les statues**

allons – are going
  nous allons visiter – we are going to visit
s'appelle – is called (calls itself)
belle – beautiful
la cathédrale – the cathedral
  je prends des photos de la cathédrale – I take pictures of the cathedral
contente – happy
les coudes – the elbows
des – some, of
elle – it
évident – obvious
exceptionnelle – special
un jour – a day
la langue – the tongue
les mains – the hands

28

ne… rien – (not) anything
  ne touche rien ! – do not touch anything!
les pieds – the feet
regarder – to watch
ne… rien – (not) anything
  ne touche rien ! – do not touch anything!
s' – itself (abbreviation of *se*)
  s'appelle – is called (calls itself)

tes – your
touche – touch
  je touche – I touch
toucher – to touch
  je veux toucher – I want to touch
visiter – to visit
  nous allons visiter – we are going to visit

Glossaire : **Chapitre quatre : Le fromage, le cheval et autres aventures**

à – to, in
  à mon avis – in my opinion
achète – buy
  j'achète – I buy
acheter – to buy
adore – love/adore
  j'adore – I love/adore
s'appelle – is called (calls itself)
  il s'appelle – it is called (it calls itself)
l'argent – the money
  de l'argent – some money
m'asseoir – to sit down (to sit myself down)
  je ne veux pas m'asseoir – I do not want to sit down
au – to the
aucune – (not) any
  je ne prends aucune photo –

I don't take any pictures
avance – moves forward
  il n'avance pas – he does not move forward
un avis – an opinion
  à mon avis – in my opinion
bien – well
ça – that
ce – it
les centimes – cents
chante – sing
  je chante – I sing
un cheval – a horse
  je monte à cheval – I ride on a horse
un cercle – a circle
  en cercle – in a circle
crie – yell
  je crie – I yell
de – of

de l' – some
  de l'argent – some money
  ils jouent de la guitare –
  they play the guitar
déteste – hate
  je déteste – I hate
deux – two
donne – gives
  elle me donne – she gives me
du – some
  du fromage – some cheese
en – in
encore – again, more
  encore une fois – one more
  time
les enfants – the children
m'entraîner – to practice, to
  train (myself)
  je veux m'entraîner – I want
  to practice, I want to
  train (myself)
un euro – a euro, one euro
fait – does, makes
  il fait ça – he does that
  il fait pipi – he pees (he
  makes pee)
une fois – one time
fort – strong
le français – French
le fromage – the cheese
les fruits – the fruit
les garçons – the boys
  **je prends en photo les
  garçons** – I take pictures
  of the boys

grande – big
grave – serious
une guitare – a guitar
il – he, it
  il y a – there is, there are
ils – they
jouent – play
  ils jouent de la guitare –
  they play the guitar
les légumes – the vegetables
ai mangé – ate
  j'ai mangé – I ate
manger – to eat
  je ne peux pas manger – I
  cannot eat
marche – walks
le marché – the market
m'asseoir – to sit down (to sit
  myself down)
  je ne veux pas m'asseoir – I
  do not want to sit down
mauvais – bad
m'entraîner – to practice, to
  train (myself)
  je veux m'entraîner – I want
  to practice, I want to train
le métro – the subway
moi – me
le monde – the world
  tout le monde – everyone
monte – ride
  je monte à cheval – I ride a
  horse
montent – ride
  ils montent à cheval – they

30

ride on horses
monter – to ride
  je veux monter à cheval – I want to ride a horse
montons – get on
  nous montons dans le métro – we get on the subway
un morceau – a piece
la musique – the music
nous – we
le parc – the park
la personne – the person
les personnes – the people
le pipi – the pee
  il fait pipi – he pees (he makes pee)
pleure – cry
  je pleure – I cry
les pommes – the apples
préfère – prefer
  je préfère – I prefer
peut-être – perhaps/maybe
peux – can
  tu ne peux pas – you cannot
  tu peux – you can
une photo – a photograph
une pomme – an apple
pour – to

pour acheter – to buy
pourquoi – why
prend – takes
  elle prend – she takes
un problème – a problem
quand – when
que – that, which
regardent – look at
  ils me regardent – they look at me
s' – itself (abbreviation of *se*)
  il s'appelle – it is called (it calls itself)
sur – on
tous – all
tout – all
  tout le monde – everyone
très – very
trop – too
vais – go
  je vais – I go
une variété – a variety
vois – see
  je vois – I see
vomis – throw up
  je ne vomis pas – I do not throw up
  je vomis – I throw up

Glossaire : **Chapitre cinq : Le shopping**

l'argent – the money
  de l'argent – some money
as – have
  tu as – you have

as besoin de – need (have need of)
  tu as besoin de – you need (you have need of)

assise – seated

aussi – also

les autres – the other

  les autres enfants – the other children

avons – we have

  nous n'avons pas – we do not have

le bébé – the baby

besoin de – need of

  il a besoin de chaussures – he needs shoes (he has need of shoes)

  tu as besoin de chaussures – you need shoes (you have need of shoes)

les chaussures – the shoes

courent – run

  ils courent – they run

crie – yell

  je crie – I yell

d' – (not) any

  nous n'avons pas d'argent – we do not have any money

de – (not) any

  n'a pas de chaussures – does not have any shoes

dis – say

  je lui dis – I say to her

donner – to give

faim – hunger

  la famille a faim – the family is hungry (has hunger)

une famille – a family

grande – big

gros – big

une idée – an idea

inutiles – useless

lui – to her

maman – mom

marche – walk

  je marche – I walk

lève – raise

  je me lève – I get up (I raise myself)

merci – thank you

non – no

une obsession – an obsession

ont – have

  ils n'ont pas – they do not have

  ils ont – they have

une paire – a pair

parfait – perfect

pauvres – poor

pense – think

  je pense que – I think that

plus – more

  une paire de plus – one more pair

quatre – four

regarde – look at

  je regarde les pieds – I look at the feet

reste – stay

  je reste – I stay

  reste là ! – stay there!

ridicule – ridiculous

la rue – the road, the street

sommes – are

nous sommes – we are
sont – are
  ils ne sont pas – they are not
  ils sont – they are
stupides – stupid
toi – you
  toi aussi – you also

triste – sad
vers – toward
les vêtements – the clothes
veut – wants
  elle veut – she wants
veux – want
  tu veux – you want

Glossaire : **Chapitre six : Des chaussures pour la famille**

a besoin de – needs (has need of)
  la famille a besoin de chaus-sures – the family needs shoes (the family has need of shoes)
bleues – blue
bonjour – hello
bonne – good
cent – 100
cette – this
chaque – each
chaussures – shoes
cher – expensive
coûtent – cost
  les chaussures ne coûtent pas cher – the shoes do not cost a lot/the shoes are not expensive
dis – say
  je lui dis – I say to her

une école – a school
enchantée – nice to meet you (enchanted)
entre – enter
  j'entre dans le magasin – I enter the store
es – are
  tu es – you are
l'expression – the expression
une femme – a woman
les fêtes – the parties
nouvelles – new
oui – yes
parlent – talk
  ils ne parlent pas beaucoup – they do not talk a lot
a payé – paid
  elle a payé – she paid
rouges – red

Glossaire : **Chapitre sept : Les crêpes et la glace**

au – to the, at the
  la glace au chocolat – the chocolate ice cream
bonnes – good
chez – at, to
  nous allons chez un glacier – we go to an ice cream shop
le **chocolat** – the chocolate
les **crêpes** – the crepes
d'habitude – usually
faim – hunger
  ils ne mangent pas à leur faim – they do not have enough to eat
excellente – excellent
la **glace** – the ice cream
  la glace à la vanille – vanilla ice cream
  la glace au chocolat – chocolate ice cream
le **glacier** – the ice cream maker, the ice cream shop
lavons – wash

nous nous lavons – we wash (we wash ourselves)
leur – their
mange – eat
  je mange – I eat
mangent – eat
  ils mangent – they eat
mangeons – eat
  nous mangeons – we eat
manger – to eat
la **nourriture** – the food
parle – talks
  elle parle – she talks
pense – think
  je pense – I think
prépare – prepare
  on prépare beaucoup de choses à manger – they prepare a lot of things to eat
promenons – walk, stroll
  nous nous promenons – we walk, we stroll
la **vanille** – the vanilla

Glossaire : **Chapitre huit : La boulangerie**

achète – buys
  elle achète – she buys
adore – love
  j'adore – I love
les **baguettes** – baguettes (a type of French bread)

une boulangerie – a bakery
un cabinet – an office
les **chiots** – the puppies
cours – run
  je cours – I run
délicieuses – delicious

entrons – enter
  nous entrons – we enter

lorsque – when
rapidement – quickly

Glossaire : **Chapitre neuf : Le cabinet du vétérinaire**

appelez – call
  Comment vous appelez-vous ? – What are your names? (How do you call yourselves?)
s'appellent – are called (call themselves)
  Comment s'appellent-ils ? – What are their names? (How do they call themselves?)
Bestiole – "creepy" (this is the name of a dog)
bruns – brown
cherchent – look for
  ils cherchent – they look for
comment – how
  Comment s'appellent-ils ? – What are their names? (How do they call themselves?)
  Comment vous appelez-vous ? – What are your names? (How do you call yourselves?)
demande – ask
  je demande – I ask

écrit – written
  il est écrit – it is written
entre – enter
  j'entre – I enter
un garçon – a boy
les garçons – the boys
il – it, he
jeunes – young
neuf – nine
  il a neuf ans – he is 9 years old (he has 9 years)
où – where
un panneau – a sign
par – on
  par terre – on the ground
petit – little
salut – hi
s'appellent – are called (call themselves)
terre – ground
  par terre – on the ground
trois – three
vitrine – window
  sur la vitrine – on the shop window
vois – see
  je vois – I see

a **abandonné** – abandoned
  la mère des chiots les a abandonnés – the puppies' mother abandoned them
adopter – to adopt
assis ! – sit!
s'**assoit** – sits down (sits himself down)
  il ne s'assoit pas – he does not sit down (he does not sit himself down)
  il s'assoit – he sits down (he sits himself down)
une **aventure** – an adventure
  l'aventure – the adventure
ce – this
  à ce moment – at this moment
cherchent – look for
  ils cherchent – they look for
courent – run
  ils courent – they run
court – runs
  il court – he runs
dis – I say
  je dis – I say
être – to be

eux – them
  je joue avec eux – I play with them
joue – play
  je joue – I play
un **journal** – a newspaper
l'aventure – the adventure
nouveau – new
parfaite – perfect
parisien – Parisian
un **photographe** – a photographer
quelle – what a
ris – I laugh
  je ris – I laugh
s'**assoit** – sits down (sits himself down)
  il ne s'assoit pas – he does not sit down (he does not sit himself down)
  il s'assoit – he sits down (he sits himself down)
saute – jumps
  il saute – he jumps
suis – am
  je suis – I am
surprise – surprise

General Glossary

a – has
  a abandonné – abandoned
    la mère des chiots les a abandonnés – the puppies' mother abandoned them
  a besoin de – needs (has need of)
    la famille a besoin de chaussures – the family needs shoes (the family has need of shoes)
  a payé – paid
    elle a payé – she paid
  elle a 29 ans – she is 29 years old (she has 29 years)
à – in, at, to
  à mon avis – in my opinion
abandonné – abandoned
  la mère des chiots les a abandonnés – the puppies' mother abandoned them
achète – buy, buys
  elle achète – she buys
  j'achète – I buy
acheter – to buy
une actrice – an actress
adopter – to adopt
adore – love, adore
  j'adore – I love, I adore

ai – have
  ai couru – ran
    j'ai beaucoup couru – I ran a lot
  ai du mal – have trouble
    j'ai du mal à respirer – I have trouble breathing
  ai mangé – ate
    j'ai mangé – I ate
  ai vomi – threw up
    j'ai vomi – I threw up
  j'ai huit ans et demi – I am eight and a half years old (I have 8 and a half years)
un album – an album
allons – are going
  nous allons visiter – we are going to visit
ans – years
  huit ans – 8 years
un appareil-photo – a camera
appelez – call
  Comment vous appelez-vous? – What are your names? (How do you call yourselves?)
appelle – calls, call
  s'appelle – is called (calls itself)
    elle s'appelle – her name is (she calls herself)
  je m'appelle – my name is

(I call myself)

s'appellent – are called (call themselves)

  Comment s'appellent-ils? – What are their names? (How do they call themselves?)

l'argent – the money

  de l'argent – some money

les **artistes** – the artists

as – have

  tu as – you have

  as besoin de – need (have need of)

  tu as besoin de – you need (you have need of)

asseoir – to sit down

  m'asseoir – to sit down (to sit myself down)

  je ne veux pas m'asseoir – I do not want to sit down

  t'asseoir – to sit down (to sit yourself down)

assieds-toi – sit down (sit yourself down)

assis ! – sit!

assise – seated

m'assois – sit down

  je m'assois – I sit down (I sit myself down)

s'assoit – sits down (sits himself down)

  il ne s'assoit pas – he does not sit down (he does not sit himself down)

il s'assoit – he sits down (he sits himself down)

au – to the, at the

  la glace au chocolat – the chocolate ice cream

aucune – (not) any

  je ne prends aucune photo – I don't take any pictures

aussi – also

l'autre – the other

les **autres** – the other

  les autres enfants – the other children

avance – moves forward

  il n'avance pas – he does not move forward

avec – with

l'aventure – the adventure

une aventure – an adventure

un avion – an airplane

  en avion – by airplane

  l'avion – the airplane

un avis – an opinion

  à mon avis – in my opinion

avons – we have

  nous n'avons pas – we do not have

les **baguettes** – baguettes (a type of French bread)

beaucoup – a lot

  beaucoup de – a lot of

le bébé – the baby

belle – beautiful

besoin de – need of

  il a besoin de chaussures –

he needs shoes (he has
need of shoes)
tu as besoin de chaussures –
you need shoes (you have
need of shoes)
Bestiole – "creepy" (the name
of a dog)
bien – well
bleues – blue
blonds – blond
bonjour – hello
bonne – good
bonnes – good
une **boulangerie** – a bakery
bruns – brown
un **bus** – a bus
  en **bus** – by bus
c' – it
  c'est – it is
ça – it, that
un **cabinet** – an office
la **cathédrale** – the cathedral
  **je prends des photos de la
    cathédrale** – I take
    pictures of the cathedral
ce – it, this
  à ce moment – at this
    moment
célèbre – famous
cent – 100
les **centimes** – cents
un **cercle** – a circle
  en **cercle** – in a circle
c'est – it is
  c'est écrit – it is written

cette – this
chante – sing
  je chante – I sing
un **chapitre** – a chapter
chaque – each
les **chaussures** – the shoes
cher – expensive
cherchent – look for
  ils cherchent – they look for
un **cheval** – a horse
  je monte à cheval – I ride on
  a horse
les **cheveux** – hair
chez – at, to
  nous allons chez un glacier
    – we go to an ice cream
    shop
les **chiots** – the puppies
le **chocolat** – the chocolate
cinq – five
comme – like
comment – how
  Comment s'appellent-ils ? –
    What are their names?
    (How do they call
    themselves?)
  **Comment vous appelez-
    vous ?** – What are your
    names? (How do you call
    yourselves?)
contente – happy
les **coudes** – the elbows
courent – run
  ils courent – they run
cours – run

je cours – I run
court – runs
  il court – he runs
ai couru – ran
  j'ai beaucoup couru – I ran a
    lot
coûtent – cost
  les chaussures ne coûtent
    pas cher – the shoes do
    not cost a lot; the shoes
    are not expensive
les **crêpes** – the crepes
crie – yell
  je crie – I yell
dans – in
une **danseuse** – a dancer
d' of
  d'habitude – usually
de – of, (not) any
  de l' – some
    de l'argent – some money
  ils jouent de la guitare –
    they play the guitar
  n'a pas de chaussures – does
  not have any shoes
délicieuses – delicious
demande – ask
  je demande – I ask
demi – a half
dépend – depends
  ça dépend – it depends
des – some, of
  des aventures – some
    adventures
  des chaussures – some

shoes
descendent – go down
  ils descendent – they go
    down
descendre – to go down (descend)
descends – go down (descend)
  je descends – I go down
dessine – draw
  je dessine – I draw
déteste – hate
  je déteste – I hate
deux – two
difficile – difficult
dis – say
  je dis – I say
  je lui dis – I say to her
dit – says
  elle me dit – she says to me
dix – ten
donne – gives
  elle me donne – she gives
    me
donner – to give
du – of the, some
  ai du mal – have trouble
    j'ai du mal à respirer – I
    have trouble breathing
  du fromage – some cheese
l'école – the school
une **école** – a school
écrit – written
  c'est écrit – it is written
une **église** – a church
elle – she, it
en – in

je prends des touristes en photo – I take pictures of the tourists (I take the tourists in a picture)

enchantée – nice to meet you (enchanted)

encore – again, more

encore une fois – one more time

les enfants – the children

m'entraîner – to practice, to train (myself)

entre – enters, enter

elle n'entre pas – she does not enter

j'entre – I enter

j'entre dans le magasin – I enter the store

je n'entre pas – I do not enter

entrons – enter

nous entrons – we enter

es – are

tu es – you are

les escaliers – the stairs

est – is

est-ce que – (introduces a question)

et – and

être – to be

un euro – a euro, one euro

eux – them

je joue avec eux – I play with them

évident – obvious

excellente – excellent

exceptionnelle – special

l'expression – the expression

faim – hunger

la famille a faim – the family is hungry (has hunger)

ils ne mangent pas à leur faim – they do not have enough to eat

fait – does, makes

il fait ça – he does that

il fait pipi – he pees (he makes pee)

une famille – a family

fatiguée – tired

une femme – a woman

les fêtes – the parties

une fille – a girl

une fois – one time

fort – strong

le français – French

le fromage – the cheese

les fruits – the fruit

un garçon – a boy

les garçons – the boys

je prends en photo les garçons – I take pictures of the boys

la glace – the ice cream

la glace à la vanille – vanilla ice cream

la glace au chocolat – chocolate ice cream

le glacier – the ice cream maker,

41

the ice cream shop
grande – big, tall
grave – serious
gros – big
une **guitare** – a guitar
huit – eight
une **idée** – an idea
il – he, it
  il y a – there is, there are
ils – they
inutiles – useless
j' – I
  j'ai du mal à respirer – I
    have trouble breathing
  j'ai huit ans et demi – I am
    eight and a half years old
    (I have 8 and a half years)
  j'entre dans le magasin – I
    enter the store
je – I
  je m'appelle – my name is (I
    call myself)
jeunes – young
jeux games
joue – play
  je joue – I play
jouent – play
  ils jouent de la guitare –
    they play the guitar
un **jour** – a day
un **journal** – a newspaper
l' – the
  l'argent – the money
    de l'argent – some money
  l'autre – the other

l'aventure – the adventure
l'avion – the airplane
l'école – the school
l'expression – the
  expression
la – the
la langue – the tongue
lavons – wash
  nous nous lavons – we wash
    (we wash ourselves)
le – the
les légumes – the vegetables
les – the
leur – their
lève – raise
  je me lève – I get up (I raise
    myself)
lis – read
  je lis – I read
  je ne lis pas – I do not read
lorsque – when
lui – to her
m' – myself
  je m'appelle – my name is (I
call myself)
  m'asseoir – to sit down (to
    sit myself down)
    je ne veux pas m'asseoir –
      I do not want to sit down
  m'assois – sit down
    je m'assois – I sit down (I
      sit myself down)
  m'entraîner – to practice,
    to train (myself)
    je veux m'entraîner – I

want to practice, I want to train
ma – my
un magasin – a store
les mains – the hands
mais – but
mal – hard, bad
  j'ai du mal à respirer – I have trouble breathing
maman – mom
mange – eat
  je mange – I eat
mangent – eat
  ils mangent – they eat
mangeons – eat
  nous mangeons – we eat
manger – to eat
  je ne peux pas manger – I cannot eat
marche – walks, walk
  je marche – I walk
le marché – the market
marron – brown
les matières – contents
  table des matières – table of contents
mauvais – bad
me – myself, to me
  elle me dit – she says to me
  elle me regarde – she looks at me
merci – thank you
la mère – the mom
mes – my (plural)
le métro – the subway

moi – me
mon – my
le monde – the world
  tout le monde – everyone
monte – ride, go up
  je monte – I go up, I ride
  je monte à cheval – I ride a horse
montent – ride, go up
  ils montent – they go up, they ride
  ils montent à cheval – they ride horses
monter – to go up, to ride
  je veux monter – I want to go up, I want to ride
  je veux monter à cheval – I want to ride a horse
montons – get on
  nous montons dans le métro – we get on the subway
un morceau – a piece
morte – dead
la musique – the music
n'... pas – not
  elle n'entre pas – she does not enter
  je n'entre pas – I do not enter
ne... pas – not
  je ne prends pas – I do not take
  je ne suis pas – I am not
  je ne veux pas – I do not want

ne... rien – (not) anything
  ne touche rien ! – do not touch anything!
neuf – nine
  il a neuf ans – he is 9 years old (he has 9 years)
noirs – black
non – no
normale – normal
la nourriture – the food
nous – we
nouveau – new
nouvelles – new
une obsession – an obsession
ont – have
  ils n'ont pas – they do not have
  ils ont – they have
ou – or
où – where
oui – yes
une paire – a pair
un panneau – a sign
par – on
  par terre – on the ground
le parc – the park
parce que – because
parfait – perfect
parfaite – perfect
parisien – Parisian
parle – talks
  elle parle – she talks
parlent – talk
  ils ne parlent pas beaucoup – they do not talk a lot

pauvres – poor
a payé – paid
  elle a payé – she paid
pendant – for, during, while
pense – think
  je pense – I think
la personne – the person
les personnes – people
petit – little
peut-être – perhaps, maybe
peux – can
  tu peux – you can
  tu ne peux pas – you cannot
une photo – a photograph
un photographe – a photographer
les photos – the pictures
les pieds – the feet
le pipi – the pee
  il fait pipi – he pees (he makes pee)
plaît – is pleasing
  s'il te plaît – please (if it is pleasing to you)
pleure – cry
  je pleure – I cry
plus – more
  une paire de plus – one more pair
une pomme – an apple
les pommes – the apples
poser – to ask
pour – for, to
  pour acheter – to buy
pourquoi – why

préfère – prefer
  je préfère – I prefer
prend – takes
  elle prend – she takes
prends – take
  je prends – I take
  je prends des touristes en
    photo – I take pictures of
    the tourists (I take the
  tourists in a picture)
prépare – prepare
  on prépare beaucoup de
    choses à manger – they
    prepare a lot of things to
    eat
la présidente – the president
presque – almost
un problème – a problem
promenons – walk
  nous nous promenons – we
    walk, we stroll
quand – when
quatre – four
que – that, which
quelle – what a
une question – a question
qui – who, that, which
rapidement – quickly
regarde – looks at, look at
  elle me regarde – she looks
    at me
  je regarde les pieds – I look
    at the feet
regardent – look at
  ils me regardent – they look

at me
regarder – to watch, to look at
respirer – to breathe
  j'ai du mal à respirer – I
    have trouble breathing
reste – stay
  je reste – I stay
  reste là ! – stay there!
ridicule – ridiculous
ne… rien – (not) anything
  ne touche rien ! – do not
    touch anything!
ris – I laugh
  je ris – I laugh
rit – laughs
  elle rit – she laughs
rouges – red
la rue – the road, street
s' – herself, himself, itself
(abbreviation of se); if (ab
breviation of si)
  il ne s'assoit pas – he does
    not sit down (he does not
    sit himself down)
  il s'assoit – he sits down (he
    sits himself down)
s'appelle – is called (calls
  itself, herself, himself)
  elle s'appelle – her name
    is (she calls herself)
s'appellent – are called (call
  themselves)
s'assoit – sits down (sits
  himself down)
s'il te plaît – please (if it is

pleasing to you)

salut – hi

saute – jumps

  il saute – he jumps

sept – seven

le shopping – shopping

six – six

sommes – are

  nous sommes – we are

son – her (*son* can also mean his)

sont – are

  ils ne sont pas – they are not

  ils sont – they are

sort – leaves, exits

  elle sort – she leaves

stupides – stupid

suis – am

  je ne suis pas – I am not

  je suis – I am

sur – on

surprise – surprise

la table – table

  table des matières – table of contents

t'asseoir – to sit down (to sit yourself down)

  tu ne peux pas t'asseoir – you cannot sit down

te – to you

terre – ground

  par terre – on the ground

tes – your

toi – you

toi aussi – you also

les toilettes – the bathroom

touche – touch

  je touche – I touch

toucher – to touch

  je veux toucher – I want to touch

les touristes – the tourists

tous – all

tout – all

  tout le monde – everyone

le travail – the work

travaille – works

  elle travaille – she works

très – very

triste – sad

trois – three

trop – too

tu – you

un – a, an, one

une – a, an

va être – is going to be

vais – go

  je vais – I go

la vanille – the vanilla

une variété – a variety

vers – toward

les vêtements – the clothes

un vétérinaire – a vet or veterinarian

veut – wants

  elle veut – she wants

veux – want

  je ne veux pas être – I do not want to be

je veux être – I want to be
tu veux – you want
visite – visit
  je visite – I visit
visiter – to visit
  nous allons visiter – we are going to visit
visitons – visit
  nous visitons – we visit
vite – fast
vitrine – shop window
  sur la vitrine – on the shop window

vois – see
  je vois – I see
ai vomi – threw up
  j'ai vomi – I threw up
vomis – throw up
  je ne vomis pas – I do not throw up
  je vomis – I throw up
voyage – travels
  elle voyage – she travels
voyageons – travel
  nous voyageons – we travel
les yeux – the eyes

Cultural Glossary

France

France is located in Western Europe and has a population of approximately 65 million people. This country, known for its varied geography that includes magnificent beaches and beautiful mountains, is a popular destination for people from all over the world.

France shares borders with the following countries: Belgium, Luxembourg, Germany, Switzerland, Italy, Monaco, Spain and Andorra.

Paris

Paris is not only the largest city in France, it is also its capital. Situated on the Seine River, Paris has a population of approximately three million people. In the middle of the Seine River are two islands: Île de la Cité and Île St-Louis. Île de la Cité is home to some of Paris' most famous landmarks which include but are not limited to La Cathédrale de Notre Dame, La Sainte Chapelle, Le Palais de Justice, La Conciergerie. Île St-Louis is primarily residential. The original inhabitants of the city, a Celtic tribe called the Parisii, are believed to have settled on Île de la Cité in 500 B.C.E.

Montmartre and Sacré-Coeur

Montmartre is an ancient village located on a hill, La Butte-Montmartre, in the north- eastern portion of Paris. This area is known as one of the most picturesque parts of Pa- ris with its narrow streets and hilly setting and has always been a popular place for artists. At the top of the hill stands a beautiful white church called La Basilique du Sacré-Coeur (The Basilica of the Sacred Heart). Built at the end of the 19th century, this church stands out from almost anywhere in Paris. You can go up or down the hill in front of the church by taking the stairs or by taking the funicular, which is an automated tram.

Euros and Centimes

The euro is the official cur- rency of France and many other European countries. The symbol for the euro is €. *Centimes* is the French word for *cent*.

Les marchés

Markets play a huge role in the

life of the French people. Some people visit the markets on a daily basis in order to buy fresh produce, seafood, flowers, cheese and much more. Markets can be found all over Paris every day of the week.

La Cathédrale de Notre Dame

La Cathédrale de Notre Dame, which literally means "The Cathedral of Our Lady," is located on Ile de la Cité in the middle of the Seine River. Construction of Notre Dame began in 1137 and ended almost 200 years later. The cathedral, which is built entirely out of stone, is an excellent example of gothic architecture with its high archways and magnificent rose windows. Numerous sculptures represent stories from the Bible.

Roquefort

Roquefort is a semi-hard blue cheese that is known for its tangy taste and crumbly tex- ture. It is made from sheep's milk and is easily identified by the veins of blue mold that run throughout it.

Le Jardin du Luxembourg

Le Jardin du Luxembourg, located in the Latin Quarter in front of Le Palais du Luxembourg, is a favorite for tourists and locals alike.

Children and families can rent boats to sail on the pond, take pony rides, watch a puppet show or concert, or simply stroll around the park enjoying the well-groomed flower beds, the central pond, the beautiful fountains, the grassy lawns and the wide alleys.

Berthillon

Berthillon, located in the middle of Île St-Louis, is Paris' most well-known ice cream shop. This family-run business uses only natural ingredients to make their 36 varieties of ice cream and sorbets. For more information about Berthillon, go to their home page at: http://www.berthillon.fr

Crêpes

Crepes are considered by ma- ny to be one of France's national dishes. While they originated in Brittany, they are eaten all over the country. Crepes are made from thin batter that is poured onto a hot, round frying pan. It looks like a pancake, but it is very different. If you eat a crepe for lunch, you might choose to have it filled with ham, cheese and mushrooms. If you eat a dessert crepe, you might choose to have it filled with banana and a healthy serving of Nutella. (Nutella is the brand name of a chocolate hazelnut spread that is very popular in France.)

Baguettes

Baguettes are one of several different types of French bread. Baguettes are long and thin and they are brown and crispy on the outside and light and chewy on the inside. The French typically buy them at least once a day.

Le Métro

Hidden underneath the streets of Paris lies one of the best modes of public transportation in the world. Referred to by the French as *Le Métro*, this subway runs from 5:30 a.m. to 12:30 a.m. seven days a week and makes getting around this busy and crowded city manageable.

To obtain copies of
Les Aventures d'Isabelle
and

Isabelle capture un singe hurleur, the 2nd book in the series,
contact
Fluency Fast Language Classes

or

Command Performance Language Institute
(see title page)

or

one of the distributors listed below.

DISTRIBUTORS
of Command Performance Language Institute Products

Sosnowski Language Resourses Pine, Colorado (800) 437-7161 www.sosnowskibooks.com	*Midwest European Publications* Skokie, Illinois (800) 277-4645 www.mep-eli.com	*World of Reading, Ltd.* Atlanta, Georgia (800) 729-3703 www.wor.com
Applause Learning Resources Roslyn, NY (800) APPLAUSE www.applauselearning.com	*Continental Book Co.* Denver, Colorado (303) 289-1761 www.continentalbook.com	*Delta Systems, Inc.* McHenry, Illinois (800) 323-8270 www.delta-systems.com
The CI Bookshop Broek in Waterland THE NETHERLANDS (31) 0612-329694 www.thecibookshop.com	*Taalleermethoden.nl* Ermelo, THE NETHERLANDS (31) 0341-551998 www.taalleermethoden.nl	*Adams Book Company* Brooklyn, NY (800) 221-0909 www.adamsbook.com
TPRS Publishing, Inc. Chandler, Arizona (800) TPR IS FUN = 877-4738 www.tprstorytelling.com	*Teacher's Discovery* Auburn Hills, Michigan (800) TEACHER www.teachersdiscovery.com	*MBS Textbook Exchange* Columbia, Missouri (800) 325-0530 www.mbsbooks.com
International Book Centre Shelby Township, Michigan (810) 879-8436 www.ibcbooks.com	*Carlex* Rochester, Michigan (800) 526-3768 www.carlexonline.com	*Tempo Bookstore* Washington, DC (202) 363-6683 Tempobookstore@yahoo.com
Follett School Solutions McHenry, IL 800-621-4272 www.follettschoolsolutions.com		*Piefke Trading* Selangor, MALAYSIA +60 163 141 089 www.piefke-trading.com

MISSION: The mission of Fluency Fast is to create and sustain a movement that causes a global shift in consciousness by transforming communications among individuals, communities, and countries and inspiring people to use language as a tool to build bridges with other cultures. Our goal is to dispel the myth that learning languages is difficult and to inspire people to have fun learning Arabic, French, German, Mandarin, Russian and Spanish, easily, inexpensively, effectively and in a brief period of time.

On-line access to the English version of *Les Aventures d'Isabelle* is free for programs around the world that are teaching English and whose mission is aligned with ours. Please go to www.fluencyfast.com/Isabelle.

Phone: 719-633-6000

Fluency Fast is an equal-opportunity educator and employer. We do not discriminate on the basis of race, color, gender, creed, sexual orientation, disability or age.